Commentaire

Par Éléonore Faivre d'Arcier

Nouveaux Essais sur l'entendement humain

La démonstration

Leibniz

LePetitPhilosophe.fr

LEIBNIZ

PHILOSOPHE ALLEMAND FONDATEUR D'UN SYSTÈME QUI CHERCHE À CONCILIER LE SAVOIR ET LA LIBERTÉ

- **Né en 1646 à Leipzig**
- **Décédé en 1716 à Hanovre**
- **Quelques-unes de ses œuvres :**
  - *Nouveaux Essais sur l'entendement humain* (1704)
  - *Essais de théodicée* (1710)
  - *Monadologie* (1720)

Gottfried Wilhelm Leibniz est un philosophe dont l'œuvre prolifique – il a écrit des centaines de textes, articles, fragments, essais, et quelque vingt-mille lettres – touche à tous les domaines du savoir et témoigne de son génie encyclopédique. Voyageur à la curiosité insatiable, grand conciliateur en dialogue constant avec ses pairs, Leibniz a contribué à la philosophie, mais aussi au droit, à la logique, à la physique, aux mathématiques, à la théologie, à la géologie, à l'histoire, à la linguistique, à la biologie et même à l'alchimie.

NOUVEAUX ESSAIS SUR L'ENTENDEMENT HUMAIN

UNE RÉPONSE À LOCKE

Les *Nouveaux essais sur l'entendement humain*, publiés en 1765, sont rédigés en français entre 1703 et 1704 en réponse au texte du philosophe anglais John Locke (1632-1704), *An Essay Concerning Human Understanding* (1690). Les *Nouveaux Essais* se présentent sous la forme d'un dialogue entre deux personnages, Philalèthe et Théophile, incarnant respectivement les thèses de Locke et celles de Leibniz. À travers la voix de Théophile, Leibniz critique l'empirisme de Locke et lui oppose sa propre théorie de la connaissance marquée du sceau du rationalisme.

MISE EN CONTEXTE

Nous proposons de poser les principes philosophiques fondamentaux qui guident et imprègnent toute la pensée de Leibniz, notamment sa théorie de la connaissance.

LE MEILLEUR DES MONDES POSSIBLES

Selon Leibniz, **Dieu a choisi de créer le meilleur des mondes possibles**, ce qui signifie, d'une part, que le monde créé contient le plus de variétés et de possibilités, et d'autre part, que tout y est organisé, ordonné, présent en vertu d'une raison et non soumis au hasard. La sagesse divine engendre donc de l'**harmonie** pour le plus de **variété** possible.

Il y a là deux principes qui sont formulés :

- le **principe des indiscernables** : il n'y a pas deux corps, deux gouttes d'eau, deux feuilles qui soient parfaitement et absolument identiques. Dans le monde créé, **chaque existence est unique**, tout est infiniment riche et varié ;
- le **principe de raison suffisante** : Dieu est la source d'un monde cohérent où **tout a une raison** d'être et de devenir. Ces raisons sont entendues au sens de lois d'agencement, de lois qui ordonnent le monde. Elles peuvent être d'obédience mathématique, morale, psychologique, biologique, linguistique, juridique, etc. Par exemple, pour des raisons géométriques, deux droites ne peuvent se couper qu'une seule fois ou encore, pour des raisons biologiques, l'homme doit boire pour survivre.

RAISONS CONTINGENTES ET RAISONS NÉCESSAIRES

Parmi ces raisons qui harmonisent le monde, Leibniz distingue les **raisons nécessaires** des **raisons contingentes**. Ces dernières ne sont pas nécessaires, mais seulement possibles. Il s'agit de raisons d'ordre moral, psychique ou historique. Par exemple, il n'est pas nécessaire que je sois impatiente d'effectuer un voyage, ni que César ait franchi le Rubicon. Les raisons nécessaires sont quant à elles principalement représentées dans la logique, les mathématiques et la géométrie. Par exemple, il est nécessaire que 2+2=4. Les raisons nécessaires se basent sur deux principes fondamentaux (d'où elles tirent leur nécessité) : le **principe d'identité** et le **principe de contradiction**. Selon le premier principe, « chaque chose est ce qu'elle est, et dans autant d'exemples qu'on voudra A est A » (p. 361) : « un carré est un carré » ou « toute figure qui a trois côtés aura aussi trois angles » (p. 446). Selon le second – qui n'est autre que la forme négative du principe d'identité – il est impossible qu'une chose soit et ne soit pas en même temps. Sous peine de se contredire, on ne peut dire que « A est non A » : par exemple, on ne peut dire que « la porte est au même moment ouverte et non ouverte ».

LES RAISONS COMME UNITÉS DE LIAISON

Ces raisons nécessaires ou contingentes qui animent le monde sont aussi pensées **comme les unités du réel : elles unifient le multiple**. Pour Leibniz, un corps étendu dans le temps et l'espace n'est jamais qu'un amas de parties qui a besoin d'un principe d'unité. Sans unité, il n'y aurait que des parties fragmentées. Or des parties seules ne forment pas un tout continu, il leur faut une force qui les relie ensemble. Par exemple, les notes de musique sont reliées entre elles pour former un air mélodieux ou une harmonie et les mots sont des parties qui, reliées entre elles, forment une phrase. Cette force ou unité ne peut être confondue avec une des parties de ce qui est étendu, elle est au contraire inétendue, **intensive**, c'est une **force de liaison**, une loi, ou encore une fonction qui unifie l'extensif, ce qui s'étend. Pour reprendre le même exemple, ce n'est pas une note qui relie les notes, mais bien des lois harmoniques. De la même manière, les mots sont reliés dans une phrase selon des règles de syn-taxe, de grammaire, de sens.

Parce que le principe de raison suffisante fait appel à cette idée d'unité intensive, il engendre par conséquent un autre grand principe qui est le **principe de continuité**. Ce dernier est un principe *idéal* auquel se soumet tout le réel :

Rien ne se fait tout d'un coup, et c'est une de mes grandes maximes et des plus vérifiées, que la nature ne fait jamais de sauts : ce que j'appelais la loi de continuité [...]. Elle porte qu'on passe toujours du petit au grand, et à rebours par le médiocre, dans les degrés comme dans les parties ; et que jamais un mouvement ne nait immédiatement du repos, ni ne s'y réduit que par un mouvement plus petit ; comme on n'achève jamais de parcourir aucune ligne ou longueur avant que d'avoir achevé une ligne plus petite. (p. 56)

Selon ce même principe de continuité, **tout est donc lié à tout**, rien ni personne n'est véritablement isolé, séparé.

Chaque parcelle du monde ou de l'histoire est en liaison avec tout le reste de l'univers. « On peut même dire que [...] le présent est plein de l'avenir, et chargé du passé, [...] et que dans la moindre des substances, des yeux aussi perçants que ceux de Dieu pourraient lire toute la suite des choses de l'univers » (p. 55) – en effet, seul Dieu possède une connaissance parfaite et totale de ce qui a été, est et sera, car il en est la source, le créateur. Tout respire d'un même souffle. Chaque moment, chaque être est un « miroir de l'univers » (*Monadologie*, p. 106, § 56), un point de vue particulier ouvert, quoiqu'inconsciemment, sur la totalité de ce qui a été, est et sera.

Leibniz pose donc que le monde créé par Dieu est infiniment riche, que tout y a une raison d'être et que tout y est lié à tout.

TEXTE

LA DÉMONSTRATION

PHILALÈTHE : Notre habile Auteur [Locke] dit ici : Je voudrais bien demander à ces Messieurs, qui prétendent que toute autre connaissance (qui n'est pas de fait) dépend des principes généraux innés et évidents par eux-mêmes, de quels principes ils ont besoin pour prouver que deux et deux est quatre ? Car on connaît (selon lui) la vérité de ces sortes de propositions sans le secours d'aucune preuve. Qu'en dites-vous Monsieur ?

THÉOPHILE : Je dis, que je vous attendais là bien préparé. Ce n'est pas une vérité tout à fait immédiate que deux et deux sont quatre. Supposé que quatre signifie trois et un. On peut donc la démontrer ; et voici comment.

Définition.

(1) Deux, est un et un.

(2) Trois, est deux et un.

(3) Quatre, est trois et un.

Axiome. Mettant des choses égales à la place, l'égalité demeure.

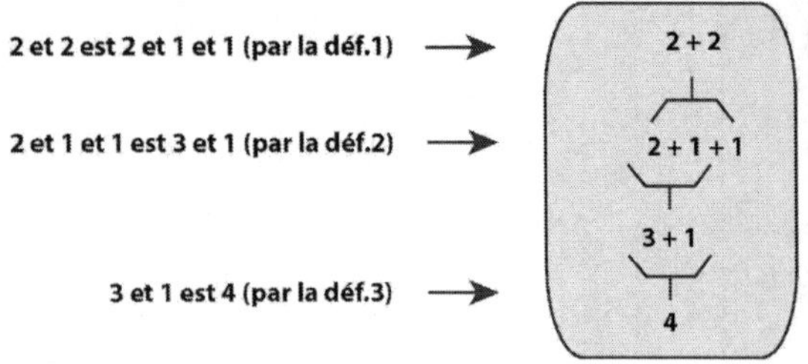

Donc (par l'Axiome)

2 et 2 est 4. Ce qu'il fallait démontrer.

Je pouvais au lieu de dire que 2 et 2, est 2 et 1 et 1 ; mettre que 2 et 2 est égal à 2 et 1 et 1, et ainsi des autres. Mais on le peut sous-entendre par tout, pour avoir plutôt fait ; et cela, en vertu d'un autre axiome qui porte qu'une chose est égale à elle-même, ou que ce qui est le même, est égal.

LEIBNIZ (Gottfried Wilhelm), « Nouveaux Essais sur l'entendement humain », in *Sämtliche Schriften und Briefe*, Berlin, Sechste Reihe – Sechster Band, Akademie Verlag, 1962, p. 413-414.

EXPLICATION ET ANALYSE DU TEXTE

Comme nous l'avons déjà indiqué plus haut, les thèses empiristes de Locke sont défendues par la voix de Philalèthe, et en contrepoint, c'est la voix de Théophile qui exprime les thèses rationalistes de Leibniz. L'auteur expose le plan du dialogue comme suit : « Nous parlerons premièrement de l'origine des idées, ou des notions (livre 1) puis des différentes sortes d'idées (livre 2) et des mots qui servent à les exprimer (livre 3) enfin des connaissances qui en résultent (livre 4) » (p. 7).

L'extrait que nous allons commenter est issu du quatrième livre. Son thème principal est la **connaissance démonstrative** et le rôle qu'y jouent les **axiomes**. Deux questions nous escorteront vers ce thème plus précis :

- **D'où** nous viennent nos **idées**, les notions premières qui forment nos connaissances ?
- La **certitude** d'une connaissance procède-t-elle de l'expérience ou de la démonstration ?

L'ORIGINE DES IDÉES – EXPÉRIENCE ET RAISON

Partons d'un cas concret. Nous voyons devant nous deux feuilles semblables et nous nous disons : « ces deux feuilles sont semblables ». Mais **d'où nous vient l'idée du semblable** ? Vient-elle de l'expérience ? De notre esprit ?

Selon **Locke**, qui représente en cela une position typiquement **empiriste**, il ne fait aucun doute que l'*idée* du « semblable » (au même titre que l'idée de la « feuille »), a germé en mon esprit parce que j'ai perçu cette caractéristique hors de moi, dans les objets semblables. Pour le dire autrement, je reçois *passivement* l'idée grâce à **l'expérience de mes sens** : *je vois* deux feuilles semblables et, pour cette raison, l'idée du « semblable » s'imprime en mon esprit.

Selon **Leibniz**, qui rejoint en cela Platon et une vision **rationaliste** du problème qui se pose ici, l'expérience n'est pas à l'origine de l'idée du « semblable ». L'expérience ne fait que réveiller ou (ré) actualiser cette notion qui se trouve de façon **innée** dans mon **esprit**. L'idée du « semblable » ne vient ni de l'objet, ni de l'expérience sensible, c'est mon esprit qui produit **activement** cette notion en la tirant de son propre fond (p. 78). L'expérience occasionne et stimule l'activité de l'esprit, mais n'est pas *à l'origine* de ses idées.

En résumé, pour Locke, ce sont les deux feuilles semblables qui gravent en mon esprit, par l'intermédiaire des sens, l'idée du « semblable », alors que pour Leibniz, je ne pourrais pas dire que deux feuilles sont semblables si je n'avais pas au préalable en moi une notion à priori du « semblable ».

Afin de comprendre plus en profondeur la position des deux philosophes, il convient de se pencher davantage sur leur conception de l'origine des idées en l'esprit.

La vision empiriste de Locke : l'expérience, source des idées

Selon l'empiriste anglais, à la naissance, **l'esprit se pré-**

sente à la façon d'une *tabula rasa*, d'une table rase, vide, que l'expérience seule remplit d'idées (p. 109). C'est plus précisément **grâce à nos sensations et à notre réflexion**, qui sont les sources premières de toute connaissance, que nous nous laissons toucher par l'expérience et que nous acquérons des **idées simples** :

- la sensation correspond à l'action physique qu'exercent les objets sur nos sens, et fait naitre les idées simples de qualités sensibles ou les propriétés des corps perçus, par exemple le doux, l'amer, le chaud, le mou, etc. ;
- la réflexion quant à elle est la perception des opérations intérieures de notre âme sur les idées qu'elle a reçues des sens. Elle ressemble à une sorte de « sens intérieur » et donne lieu aux idées simples ou aux impressions de réflexion qui correspondent aux opérations de notre pensée dans la perception immédiate, par exemple s'apercevoir que l'on perçoit, doute, croit, pense, etc.

Si les sensations et la réflexion font germer dans un esprit passif les idées simples, ces dernières peuvent être combinées entre elles grâce à l'activité de **l'entendement** qui détient, dans la formation de nos connaissances, **le pouvoir de composer, d'abstraire, de mettre en relation, de généraliser**. L'entendement construit en ce sens, à partir des idées simples, des **idées complexes**, par exemple les notions d'espace, d'identité, de durée, de nombre, la relation de cause à effet, etc.

La vision rationaliste de Leibniz : la raison, source des idées innées

Contre la conception empiriste qui identifie dans l'expérience l'origine de nos idées et, par là, de nos connaissances, Leibniz défend **l'innéité de certaines idées ou notions**. Bien entendu, non seulement toutes les idées ne sont pas innées (contrairement à l'idée du « semblable », l'idée des feuilles que je perçois n'est pas une idée innée), mais elles ne sont pas en permanence actuelles en notre esprit.

En effet, d'une part, **Leibniz distingue les idées innées ou intellectuelles** « qui sont la source des vérités nécessaires » (p. 81) et le produit de notre raison, **des idées confuses qui viennent des sens**. Les idées de la logique, des mathématiques et de la géométrie sont des idées intellectuelles qui se basent sur des idées innées intellectuelles simples telles que les idées du tout et de la partie, de l'identité ou du même, de la contradiction, du possible, de l'un, de la cause, etc. Le doux, l'amer, la chaleur, la couleur ou encore la douleur sont par contre des idées confuses qui nous viennent des sens.

D'autre part, **le caractère inné ne signifie pas pour autant que nous venons au monde avec des idées *actuelles***, autrement dit avec une connaissance achevée. L'homme, doué de raison, comprend potentiellement en son esprit des idées qui organisent sa perception du monde et ses éventuelles connaissances. En effet, les idées sont innées en nous comme « des inclinations, des dispositions, [...] des virtualités naturelles, et non pas comme des actions » (p. 52). **Les idées innées sont toujours en nous, mais uniquement de manière virtuelle**.

Pour Locke, dire qu'il y a des idées imprimées dans l'âme, mais dont celle-ci ne s'aperçoit pas est une **contradiction**.

Comment affirmer en même temps qu'il y a des vérités gravées dans l'âme, mais qu'elle ne les a pourtant jamais connues ? (p. 76-79) En outre, si les idées – abstraites qui plus est (tout/partie, identité/différence, etc.) – étaient innées, elles seraient pensées explicitement par tous les esprits. Or, pour Locke, les « enfants, les idiots et les sauvages » ne présentent aucune trace de telles idées (p. 87).

Selon Leibniz, ce n'est pas parce qu'une idée n'est pas actuelle en l'esprit qu'elle ne peut y être virtuellement présente. Les âmes des enfants qui viennent de naitre ou celles des imbéciles ne sont pas privées de ces idées parce qu'elles n'en n'ont pas conscience (p. 76). Ces idées innées sont toujours présentes à l'esprit, que l'esprit s'en aperçoive ou pas. Leibniz appuie sa thèse de la virtualité des idées par le recours à sa **théorie des *petites perceptions* : les idées peuvent n'être que potentiellement présentes en l'esprit de la même manière que notre esprit ne se rend pas toujours compte de toutes les perceptions qui l'habitent**. En effet, « nous avons une infinité de connaissances, dont nous ne nous apercevons pas toujours » (p. 77), tout comme notre esprit, quoique nous ne nous en rendions pas toujours compte, bien qu'il soit même impossible de nous en apercevoir complètement, est habité d'une infinité de petites perceptions :

> D'ailleurs, il y a mille marques, qui font juger qu'il y a à tout moment une infinité de perceptions en nous, mais sans aperception et sans réflexion, c'est à dire des changements dans l'âme même, dont nous ne nous apercevons pas, parce que ces impressions sont ou trop petites ou en trop grand nombre, ou trop unies, en sorte qu'elles n'ont rien d'assez

> distinguant à part, mais jointes à d'autres, elles ne laissent
> pas de faire leur effet et de se faire sentir au moins confusé-
> ment dans l'assemblage. (p. 53)

Par exemple, lorsque nous entendons le mugissement de la mer, nous n'entendons pas distinctement le bruit de chaque vague, mais bien l'ensemble d'une multitude de petites perceptions confuses qui forment ensemble le bruit de la mer (p. 54).

CERTITUDE ET NÉCESSITÉ D'UNE CONNAISSANCE – PERCEPTION ET DÉMONSTRATION

Nous abordons à présent cette deuxième question : la certitude d'une connaissance nous vient-elle de l'expérience sensible ou nait-elle de la démonstration ?

Locke : connaissance immédiate – connaissance médiate

Locke pose avant tout que **la connaissance porte sur les idées et sur leurs connexions**. Il s'agit de « *la perception de la liaison et convenance, ou de l'opposition et disconvenance qui se trouve entre deux de nos idées* » (p. 355, en italique dans le texte, Leibniz cite Locke). Connaitre consiste donc à comparer des idées et à juger de la convenance ou de la disconvenance entre elles.

Locke distingue alors **plusieurs types de connaissance** :

- la **connaissance intuitive** : dans ce cas, la perception de l'accord entre deux idées **est immédiate, évidente et**

absolument certaine. « *C'est comme l'œil voit la lumière, que l'esprit voit que le blanc n'est pas le noir, qu'un cercle n'est pas un triangle, que trois est deux et un* » (p. 361) ;

- la **connaissance démonstrative** : dans les démonstrations, la perception n'est pas immédiate et nécessite des **idées intermédiaires**. Cette connaissance est un enchainement des connaissances intuitives. Pour comparer, joindre ou appliquer des idées l'une à l'autre, l'esprit a besoin d'**axiomes**, « *d'autres idées moyennes (une ou plusieurs) pour découvrir la convenance ou disconvenance qu'on cherche, et c'est ce qu'on appelle raisonner* » (p. 367). Démontrer, c'est donc une suite de preuves, un enchainement d'idées qui s'appuie sur des idées déjà connues « *comme en démontrant que les trois angles d'un triangle sont égaux à deux [angles] droits, on trouve quelques autres angles qu'on voit égaux, tant aux trois angles du triangle qu'à deux [angles] droits* » (p. 367).

Cette deuxième sorte de connaissance, passant par des intermédiaires, est pour Locke moins certaine que la première. Non seulement la connaissance démonstrative s'appuie sur des axiomes ou idées intermédiaires qui n'ont pas toujours l'évidence des connaissances immédiates intuitives, mais en plus, si Locke reconnait que la connaissance est avant tout une question d'idées et de connexions, une connaissance doit aussi (pour être réelle et non seulement verbale) correspondre aux choses, c'est-à-dire trouver une confirmation dans l'expérience sensible.

D'où un troisième type de connaissance :

- **la connaissance sensitive** : cette dernière « *établit* *l'existence des Êtres* *particuliers hors de nous* » (p. 373). La connaissance sensitive nécessite l'usage des sens qui nous assurent de l'existence des choses en dehors de notre pensée.

Leibniz : connaissances nécessaires et connaissances contingentes

Pour Leibniz, **les connaissances sont de deux sortes** : faisant écho à la distinction opérée entre les raisons nécessaires et contingentes, il différencie les **vérités de raison** des **vérités de fait**. Les vérités de raison sont **nécessaires** alors que celles de fait sont **contingentes** :

- les vérités de raison, nécessaires, reposent sur les principes d'identité et de contradiction ;
- les vérités de fait sont quant à elles des vérités contingentes, non nécessaires, qui dépendent de leur adéquation – c'est-à-dire de leur accord – avec l'expérience. Même si elles peuvent paraitre évidentes, ces vérités sont seulement possibles, leur opposé n'étant pas contradictoire. Par exemple, la proposition « J'ai acheté un pantalon rose », peut se vérifier dans l'expérience, mais même si je l'avais acheté, il ne serait ni impossible ni contradictoire que je n'aie pas acheté de pantalon rose. Cette vérité n'est donc pas nécessaire. Il est possible d'analyser des vérités factuelles, de les ramener à des causes, mais pas au principe de contradiction d'où elles tireraient leur nécessité. Ces vérités de fait sont contingentes, car elles dépendent de l'expérience sensible, or nos sens « ne donnent jamais que des exemples, c'est-à-dire des vérités particulières ou individuelles » (p. 49). Par exemple, si j'ai l'habitude

de voir que la nuit succède au jour selon un rapport de lumière et d'obscurité – la nuit correspondant au laps de temps entre le coucher et le lever du soleil – ne serais-je pas tenté de croire qu'il en est ainsi en général ? Or la réalité des pôles n'est pas la même, les nuits pouvant être aussi claires que le jour lors de la période estivale.

En résumé, pour Leibniz, certaines vérités sont nécessaires (raisons nécessaires) et procèdent de la raison, d'autres, factuelles, sont contingentes pour nous et dépendent de l'expérience (raisons contingentes).

Leibniz place alors la connaissance démonstrative en un lieu beaucoup plus sûr et estimé que ne le fait Locke. **Ce n'est que par la démonstration que l'on peut engendrer des vérités de raison et rendre une proposition certaine et nécessaire**. Ainsi, seule la démonstration accorde à cette proposition apparemment évidente « 2+2=4 » sa nécessité et sa certitude. La démonstration est **une analyse qui s'opère de façon déductive** : elle ne part pas de l'expérience particulière pour en tirer des principes généraux, mais **elle part de principes universels, d'axiomes**, à partir desquels on analyse les idées et l'enchainement entre les idées de la proposition. Démontrer, « ce n'est autre chose que de lier les définitions par le moyen des axiomes » (p. 451-452). En effet, par une chaine de définitions, il s'agit de ramener une propo-sition à ses éléments les plus simples (analyse) et de mon-trer par là, sur la base d'un ou de plusieurs axiomes, qu'on ne peut nier la proposition sans la contredire. Les axiomes – qui reposent sur les principes d'identité ou de contradiction – soutiennent et guident donc le raisonnement ou la chaine des définitions tout en la rendant infaillible. Car lorsqu'on dégage les définitions des idées sur la base des axiomes, on se rend compte de leur enchainement et du présupposé sur lequel la proposition repose et qui la rend **nécessaire**.

Ainsi, selon l'axiome, « une chose est égale à elle-même » ou « ce qui est le même, est égal », je peux d'abord analyser la proposition « deux et deux sont quatre » en ses éléments plus simples et les définir : « (1) Deux est un et un, (2) Trois est deux et un, (3) Quatre est trois et un ». Or, toujours selon l'axiome « Mettant des choses égales à la place, l'égalité demeure », je peux démontrer ceci : si 2+2=2+1+1, si 2+1+1=3+1, et si 3+1=4, alors 2+2=4 ». On pourrait traduire ce raisonnement comme suit : si A=B, si B=C, et si C=D, alors A=D. Suivant l'axiome et les définitions, je ne peux affirmer sans me contredire que 2 et 2 ne sont pas 4.

Polémique autour des axiomes

En fait, dans l'extrait, Leibniz répond notamment à **une critique que Locke formule à l'égard des axiomes** : selon lui, la proposition « deux et deux sont égaux à quatre » est aussi – voire plus – évidente que n'importe quel autre axiome. Locke estime en effet que **les axiomes sont souvent moins évidents que les propositions** dont ils sont censés permettre la démonstration. « *Il y a une espèce de propositions qui sous le nom de Maximes ou d'Axiomes passent pour les principes des sciences* » que l'on considère comme innés et évidents, « *sans que personne n'ait jamais tâché [...] de faire voir la raison et le fondement de leur extrême clarté* » (p. 406, en italique dans le texte, Leibniz cite Locke). Il y a pourtant « *quantité d'autres vérités, qui sont autant évidentes par* *elles-mêmes que ces maximes, par exemple, qu'un et deux sont égaux à trois, c'est une proposition aussi évidente que cet Axiome qui dit "que le tout est égal à toutes ses parties prises ensemble"* » (p. 412). Un de ses arguments est de montrer que dans l'ordre de l'expérience, on connait d'abord les exemples, les propositions particulières de l'expérience, avant de connaitre les principes généraux qui n'en sont qu'abstraits (ou induits) : « *Un jeune garçon connaît que son corps est plus grand que son petit doigt, mais non pas en vertu de cet Axiome, que le tout est plus grand que sa partie. La connaissance a commencé par les propositions particulières* » (p. 448). Ainsi, l'idée issue de l'expérience, « mon doigt est plus petit que tout le corps », non seulement précèderait, mais serait aussi plus évidente, plus simple et plus immédiate que le principe abstrait selon lequel « le tout est plus grand que sa partie ».

Leibniz s'insurge contre de telles critiques : les axiomes ne naissent pas des exemples ou des propositions particulières et ils n'y trouvent pas leur fondement. Ce sont **les exemples qui tirent leur vérité nécessaire de l'axiome** : « Celui qui connaît que dix est plus que neuf, que le corps est plus grand que le doigt [...] connait chacune de ces propositions particulières par une même raison générale qui y est comme incorporée et enluminée » (p. 448). Ce n'est pas parce que l'enfant ne formule pas d'abord de façon abstraite le principe du tout qui serait plus grand qu'une de ses parties, que ce principe n'est pas déjà *implicitement* à l'œuvre dans son esprit et dans son expérience particulière, lorsqu'il voit que le corps est plus grand que le doigt.

Contre l'argument de Locke, on retrouve celui de la **virtualité des idées** : ce n'est pas parce que nous n'avons pas conscience ni même appris les mots des principes plus universels et plus abstraits qui lient ensemble nos perceptions que notre pensée ne les produit pas. Autrement dit : l'enfant ne pourrait même pas dire que le corps est plus grand que le doigt s'il n'avait présupposé l'axiome selon lequel le tout est plus grand qu'une de ses parties, bien qu'il n'ait pas forcément conscience de cet axiome, ni même peut-être acquis la connaissance des termes « tout » et « partie » : cela n'empêche pas leur présence dans l'esprit.

Cela dit, Leibniz s'accorde à dire avec Locke que si les démonstrations reposent sur des axiomes, certains axiomes nécessitent parfois encore eux-mêmes d'être démontrés une nouvelle fois et donc d'être renvoyés à des axiomes plus simples sur lesquels eux-mêmes reposent. Par exemple l'axiome « deux lignes droites ne peuvent se rencontrer qu'une seule fois » suppose chez Euclide au moins deux autres axiomes (à défaut d'une définition claire de la ligne droite) : « Deux droites n'ont point de partie commune », et « elles ne comprennent point d'espace » (p. 451).

CONCLUSION

Partant de la question de l'origine de nos idées ainsi que de celle de l'origine de la certitude de nos connaissances, nous avons dégagé dans ce point les lignes de force de la théorie de la connaissance rationaliste de Leibniz qui s'exprime dans son opposition à la théorie de la connaissance empiriste de Locke. C'est dans le cadre de ces réflexions que s'est inscrite tout naturellement la question de la démonstration et de son rapport aux axiomes.

Pour Locke, l'origine de la connaissance réside dans l'expérience. La connaissance certaine par excellence est identifiée à la **connaissance intuitive** qui est immédiate et par laquelle on perçoit l'évidence des rapports entre deux idées. La connaissance démonstrative n'est pas aussi certaine et dépend non seulement d'axiomes souvent plus obscurs que les propositions à démontrer, mais aussi, finalement, de sa confrontation avec l'expérience.

Pour Leibniz, l'origine de toute connaissance certaine et nécessaire se trouve avant tout dans les idées innées fournies par la raison – les sens ne nous apportant que des idées confuses et contingentes. Si tout est « rationnel », susceptible d'analyse et de compréhension, Leibniz distingue les vérités contingentes de fait des vérités nécessaires (basées sur les idées innées, plus précisément sur les principes d'identité et de contradiction). C'est la **connaissance par démonstration** qui, guidée par les axiomes, **engendre de telles vérités de raison, nécessaires et infaillibles**.

Votre avis nous intéresse !
Laissez un commentaire sur le site de votre librairie en ligne
et partagez vos coups de cœur sur les réseaux sociaux !

POUR ALLER PLUS LOIN

- BELAVAL (Yvon), *Leibniz. Initiation à sa philosophie*, Paris, Vrin, 2005.
- CASSIRER (Ernest), *Le Problème de la connaissance dans la philosophie et la science des temps modernes. Tome 2. De Bacon à Kant*, traduction de René Fréreux, Paris, Éditions du Cerf, 2005.
- LEIBNIZ (Gottfried Wilhelm), « Nouveaux essais sur l'entendement humain », in *Sämtliche Schriften und Briefe*, Berlin, Sechste Reihe – Sechster Band, Akademie Verlag, 1962.
- LEIBNIZ (Gottfried Wilhelm), *Discours de métaphysique*, Paris, Gallimard, 1995.
- LEIBNIZ (Gottfried Wilhelm), *Monadologie*, Paris, Gallimard, 1995.
- LEIBNIZ (Gottfried Wilhelm), *Œuvres*, Paris, Aubier Montaigne, 1972, tome 1.
- ROBINET (André), *Leibniz et la racine de l'existence*, Paris, Seghers, 1962.

Rendez-vous sur lepetitphilosophe.fr et découvrez :

Plus de 1200 analyses
Claires et synthétiques
Téléchargeables en 30 secondes
À imprimer chez soi

ISBN version numérique : 978-2-8062-4568-7
ISBN version papier : 978-2-8062-4608-0
Dépôt légal : D/2017/12603/595

Conception numérique : Primento,
le partenaire numérique des éditeurs.

Made in the USA
Monee, IL
07 July 2026